L'atelier MANGA 漫画

Shojo

AKARO

Illustrations :	AKARO
Maquette :	KEN SASAHARA
Couverture :	AKARO
Mise en couleurs de la couverture :	JOHN OTT
Conception :	OSAMU KUNISHIGE
Rédacteur :	STEPHANIE DONNELLY
Relations avec le Japon :	JOHN WHALEN
Imprimeur :	FRED LUI
Collaborateur :	JODI HEARD
Éditeur :	HIKARU SASAHARA

Titre original en langue anglaise :
Let's draw manga – Shoujo Characters

Traduction, adaptation française et suivi éditorial :

Claire Deslandes, Muriel Giraud,
Aline Flechel, Irène Lassus

Dépôt légal : avril 2006
1ʳᵉ édition. N° d'édition : 93763
ISBN 10 : 2-215-07867-7
ISBN 13 : 978-2-215-07867-8
Imprimé en Italie par Stige

Sommaire

**Pictos**

 Dessinez au crayon

 Dessinez à la plume

Pourquoi ce livre ?

Pour concevoir cet ouvrage, l'auteur s'est intéressée aux plus modernes des grands courants de mangas, pour montrer de quelle façon chacun d'entre nous peut créer rapidement et facilement son propre manga.

Nous avons la chance de vivre à une époque où les mangas fleurissent : nous n'avons qu'à tendre la main pour goûter aux plaisirs qu'ils offrent. Charmants, désinvoltes ou choquants, leurs personnages sont infiniment variés.

Mais entre le plaisir de s'y plonger, de se familiariser avec ses personnages préférés et l'art de recréer leurs traits sur une page blanche, c'est une autre histoire !

On dit souvent que l'apprentissage du dessin repose sur la copie. C'est tout à fait exact ! Commencez par reproduire les personnages, en les enrichissant de vos propres sentiments. Essayez, ne craignez pas les erreurs et perfectionnez-vous. Alors, sans même vous en apercevoir, vous serez en permanente progression et votre dessin gagnera en personnalité.

L'ouvrage est fait pour les débutants qui, sans posséder de bases, éprouvent un réel désir de dessiner. Il est fait pour ceux dont les aspirations sont sérieuses et sincères. Il est destiné à apprendre au lecteur à donner vie à des personnages, à les créer lui-même.

Le secret de la réussite repose sur l'effort renouvelé et le perfectionnement des techniques. Si vous souhaitez réellement améliorer vos talents, soyez exigeant. La pratique régulière et l'analyse attentive de l'image sont importantes. Nous n'insisterons jamais trop sur la nécessité d'un constant perfectionnement des techniques et d'une pratique soutenue de l'effort. Les techniques développées dans l'ouvrage sont conçues pour vous permettre rapidement de maîtriser les mangas.

Peu importe la page par laquelle vous débutez, vous comprendrez vite les points importants. Feuilletez le livre, donnez libre cours à votre enthousiasme, dévorez-le du début à la fin ! De plus, face aux difficultés, l'ouvrage vous servira de guide : cherchez la bonne page et remettez-vous au travail.

Le souhait de l'auteur est de voir l'ouvrage vous guider, à la manière d'une boussole, dans le grand voyage créatif des mangas.

Chapitre 1
Dessiner les shojos

Dessiner
les shojos :

Les
magiciennes

Dessiner le visage de face

1. Pour le visage et la tête, dessinez un ovale.

Tracez deux lignes perpendiculaires en plaçant l'axe horizontal des yeux à la bonne hauteur sur l'axe médian. Ici, la fille est jeune : les yeux sont situés relativement bas dans le visage.

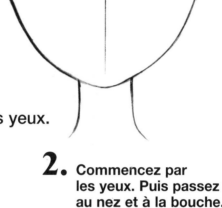

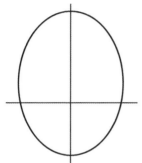

Position des yeux.

Axe médian de division du visage.

2. Commencez par les yeux. Puis passez au nez et à la bouche.

Dessinez ensuite les contours du visage et des oreilles. Placez le sommet des oreilles légèrement au-dessus de l'axe des yeux.

Pour finir, dessinez le contour de la chevelure. Prenez votre temps, le bon choix de la ligne d'implantation des cheveux facilite le travail ultérieur.

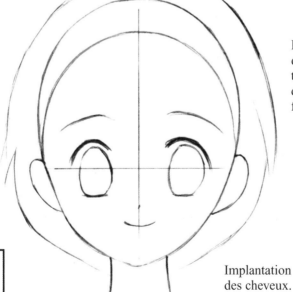

Dessinez les oreilles de façon à ce qu'elles dépassent légèrement de l'axe des yeux.

Implantation des cheveux.

Dessiner le visage de face

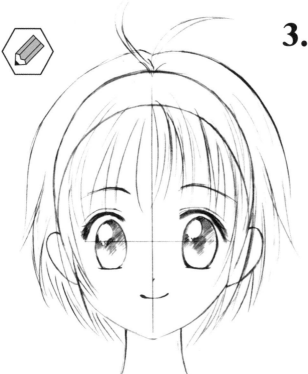

3. **Ajoutez les traits du visage.**

Commencez par les traits principaux (yeux, nez, bouche, sourcils et oreilles), puis faites la frange. Ajoutez les détails comme les cils et les taches de rousseur à la fin.

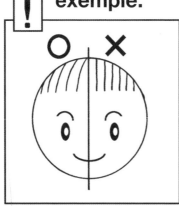

Mauvais exemple.

La frange.
Le front étant bombé, la frange ne tombe jamais droit.

4. **Achevez le dessin.**

Tout en dessinant, résistez à la tentation d'ajouter des lignes inutiles, cela vous facilitera le travail à la plume.

Dessiner le visage de profil

Les règles de base sont les mêmes que celles qui s'appliquent au visage de face. Après avoir dessiné un ovale, ajoutez les contours des éléments du visage en veillant à placer les yeux et la bouche sur une ligne courbe.

1. Dessinez le contour de la tête.

Tracez grossièrement le cou et l'ovale de la tête. (Attention à l'inclinaison de la nuque.)

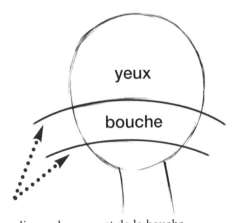

Les lignes des yeux et de la bouche sont légèrement galbées.

Ébauchez rapidement le menton, la bouche et le nez : déjà l'ensemble commence à ressembler à un profil humain.

2. Dessinez les contours des yeux, des oreilles et de la chevelure.

Ébauchez le tracé des yeux.
La position des yeux est d'une importance capitale : tenez compte de l'équilibre général en les dessinant.

Ligne d'implantation de la chevelure.

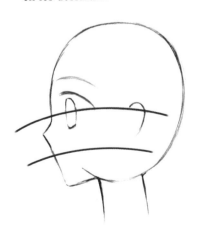

3. Les cheveux.

Faites une ébauche rapide
en cherchant à dégager l'esprit
général de la coiffure.

Évoquez le style de coiffure
en ajoutant des détails.

Contour de la chevelure.

Après avoir tracé le contour
de la chevelure, on prend
conscience de son volume :
soyez attentif à ce point.

4. Achevez le dessin.

Le dessin achevé, vérifiez l'équilibre
général, la position des yeux,
des oreilles, de la bouche, etc.
et corrigez si nécessaire.

Dessiner le corps | *En petite foulée*

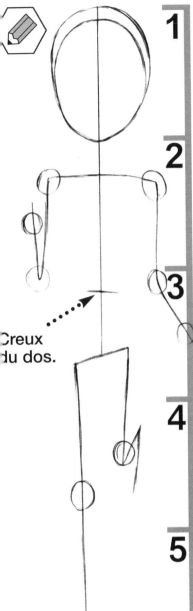

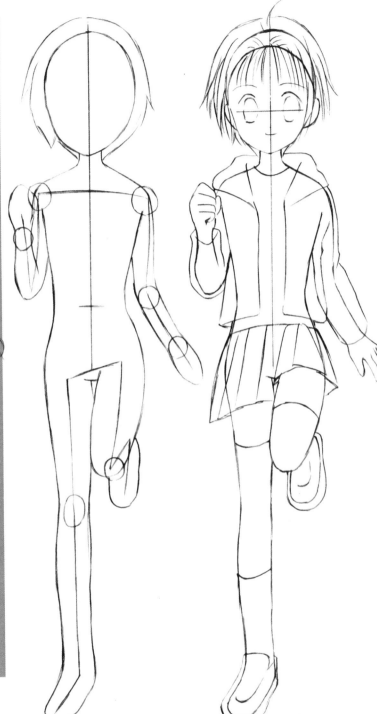

1

2

3

4

5

Creux
du dos.

**1. Ébauchez
les grandes lignes.**

Les proportions du corps
sont de 1 pour 5 (1 pour
la tête et 5 pour le corps
tout entier).

**2. Donnez sa forme
à la silhouette.**

Dessinez une silhouette
aux formes courbes et douces
à partir des éléments
précédemment posés.

**3. Esquissez
le visage.**

Dessinez les yeux, le nez,
la bouche, les oreilles
et les grands traits
de la coiffure.

Achever le personnage

4. Ajoutez les détails du visage.

5. Complétez le dessin.
Pour obtenir un dessin net, gommez les traits superflus.

Vue de dos

1. Esquissez les grandes lignes en respectant la proportion de 1 pour 5.

2. **Dessinez le corps.**

Dessinez le corps et le contour de la chevelure.
La zone de l'entrejambe se trouve légèrement en dessous de la ligne horizontale qui divise le corps en deux.
Les chevilles et les genoux sont quasiment de même taille. Réunissez les articulations par des lignes pour achever la silhouette. Puis supprimez les lignes de crayon superflues.

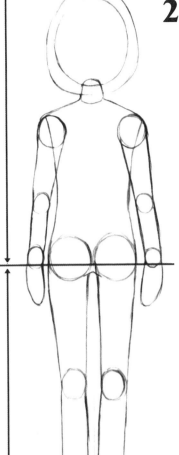

3. **Dessinez les vêtements.**

En suivant le galbe du corps, dessinez les contours des vêtements. Tracez les plis de la jupe de haut en bas, en partant des hanches.

4. **Achevez le dessin.**

Commencez par le contour de l'iris.

Puis, à l'aide de traits fins, dessinez les coins interne et externe de l'œil.

Finissez par le reflet de l'œil (le rehaut).

 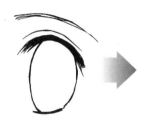 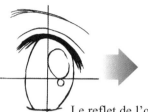

Le reflet de l'œil se trouve en général dans l'angle supérieur droit.

Dessinez la pupille.

Ajoutez l'ombre avec de fines hachures.

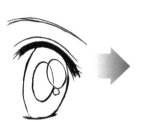 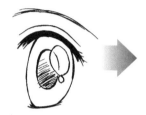 

Les cils doivent rester discrets.

Ombrez légèrement la pupille. Le reflet se présente sous forme de deux cercles oblongs. Affinez la partie supérieure.

Vue latérale de l'œil

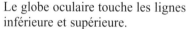
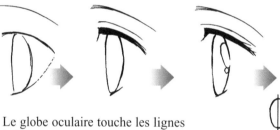 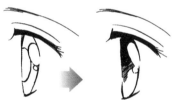

Le globe oculaire touche les lignes inférieure et supérieure.

Dessinez l'iris sous forme d'un demi-cercle.

Quelques exemples d'expressions du regard.

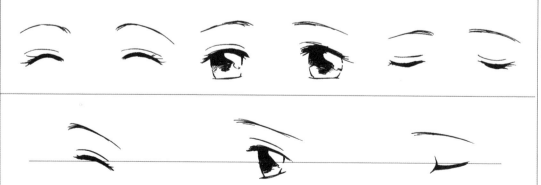

Ici, le reflet est écrasé.

Les mains

Pour faciliter le dessin de
la main, divisez-la en sections
distinctes.

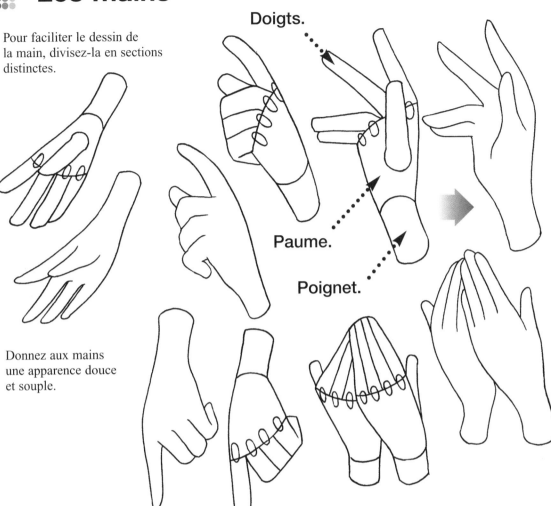

Doigts.

Paume.

Poignet.

Donnez aux mains
une apparence douce
et souple.

Les jambes et les pieds

En commençant par le haut et en allant
vers le bas, dessinez deux lignes parallèles
pour la jambe. Ajoutez des cercles pour
les articulations, suffisamment petits pour
tenir dans la jambe.

Notez l'absence de
galbe dans l'exemple 1.
Elle est intentionnelle,
pour éviter de donner
trop d'importance
aux articulations et
aux mollets.

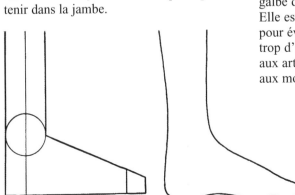

Les accessoires

Expressions du visage

Troublée, inquiète, préoccupée, perturbée, perplexe.
« Que faire ??? »

Joyeuse, satisfaite, gaie, contente.
« Super, tout va bien, c'est OK ! »

Triste, boudeuse, malheureuse.
« Snif, snif »

Un peu surprise.
« Hein, quoi ? »

En colère, furieuse.
« C'est quoi ce $%&# !! »

Quelques postures

Quelques postures

Les personnages masculins

Comment accentuer les caractères masculins

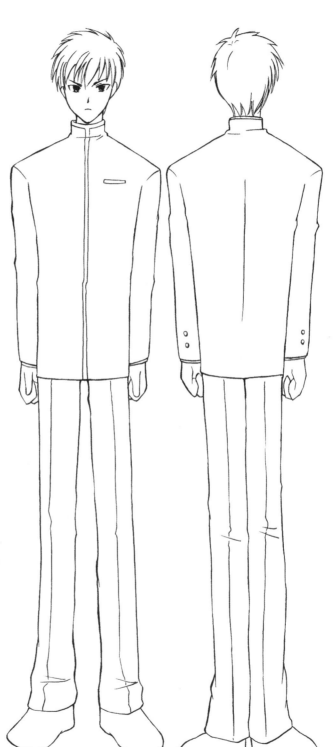

• L'implantation des yeux est haute.
• Les yeux sont petits.
• Les sourcils sont épais.
Le dessin des personnages
masculins est à l'opposé de celui
des personnages féminins.

Les proportions du corps sont
de 1 pour 8. Comme pour le
personnage féminin de l'exemple 1,
le corps est rectiligne de haut
en bas, avec peu de courbes.

21

Dessiner les personnages masculins

Les personnages masculins sont toujours présents, même dans les mangas pour filles. Pour cette raison, il est important d'apprendre à les dessiner. Dans cet exemple, le garçon a une attitude bienveillante.

- Dessinez de grands yeux.
- Soyez attentif à l'angle des sourcils. Ils sont fins.

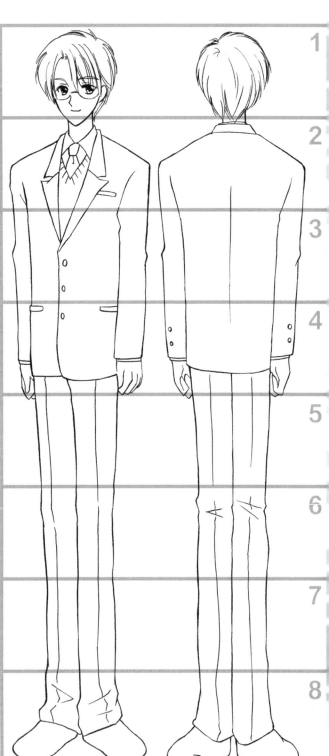

Dessiner
les shojos

Les anges-
gardiens

Dessiner le visage de face

1. Dessinez les contours du visage.

Tracez l'axe médian du visage et l'axe horizontal des yeux. Ils se croisent aux trois quarts de l'ovale.

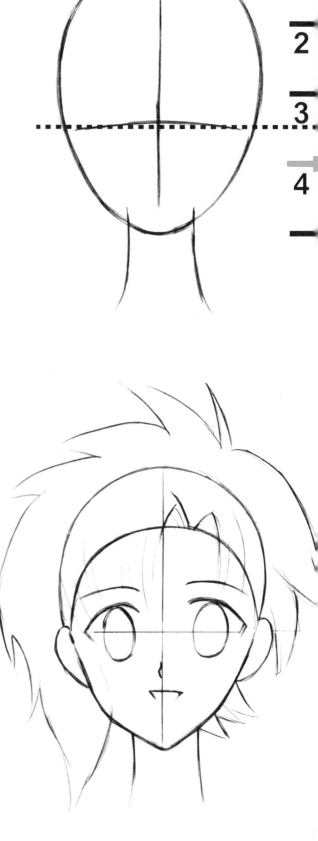

1

2

3

4

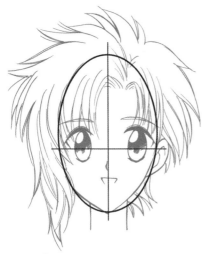

2. Dessinez le visage.

Après le contour de la tête, tracez ceux du visage et de la chevelure.

Dessiner le visage de face

3. Dessinez les différents éléments.

Commencez par les principaux (yeux, nez, bouche, sourcils et oreilles). Puis, passez aux cheveux, en commençant par la frange. Suivez la ligne de l'implantation des cheveux.

4. Complétez le dessin.

Après avoir ajouté les différentes parties du visage, vérifiez l'équilibre général et assurez-vous du naturel de son expression. Éliminez les lignes superflues pour parachever votre dessin.

Dessiner le visage de profil

Tracez une courbe pour la ligne des yeux.

1. Dessinez le contour de la tête.

Attention à l'angle de la nuque.

Avant du visage

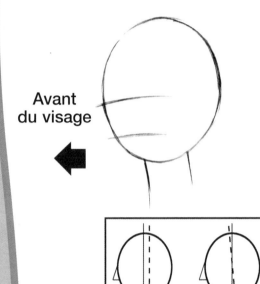

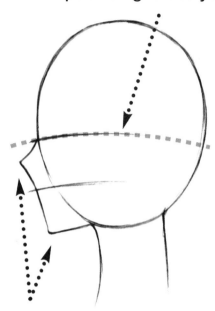

Esquissez la bouche et le nez.

Important : veillez à incliner l'axe de la nuque.

2. Dessinez les contours des yeux, des oreilles et de la chevelure.

La position des yeux est primordiale dans un profil. Toute erreur peut se transformer en échec. Placez ensuite le nez et esquissez-le rapidement.

Dessiner le visage de profil

3. Dessinez les cheveux.

Travaillez la coiffure et cherchez l'équilibre de son volume.

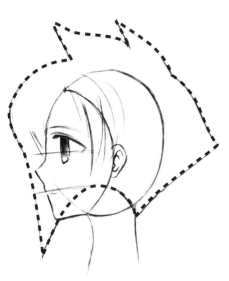

4. Achevez le dessin.

Ici, observez l'organisation des mèches de cheveux et la manière dont elles s'imbriquent.

Dessiner le corps | *Mains jointes*

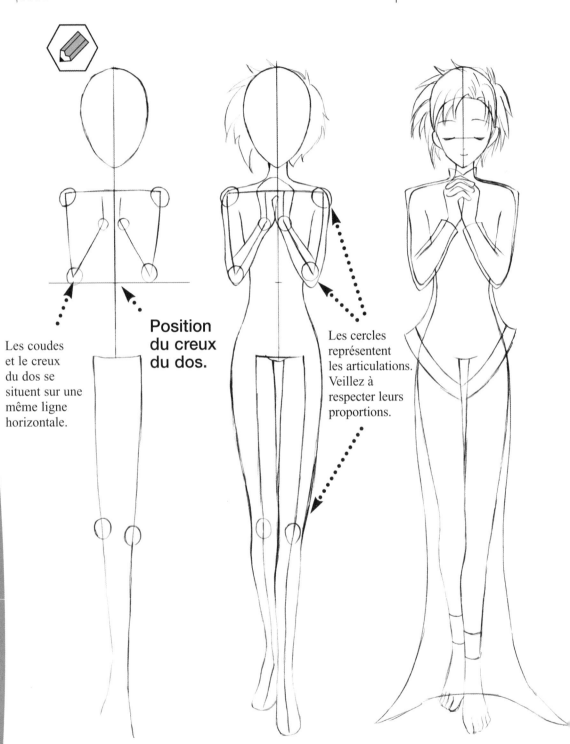

Les coudes et le creux du dos se situent sur une même ligne horizontale.

Position du creux du dos.

Les cercles représentent les articulations. Veillez à respecter leurs proportions.

1. **Ébauchez les grandes lignes du corps.**
Respectez les proportions de 1 pour 7.

2. Donnez sa forme à la silhouette. Elle doit rester mince.

3-1. **Dessinez le contour du visage.**
Ajoutez les yeux, le nez, la bouche, les oreilles et les vêtements.

L'atelier manga – **Shojo**

Achever le personnage

Nobeya

3-2. Complétez par les détails du visage et des autres parties.

4. Achevez le dessin.

Vue de dos

1. **Tracez les grandes lignes.**

- Pour un adulte, les proportions entre la tête et le corps sont de 1 pour 7.
- Donnez au personnage un look juvénile.
- Le corps doit rester mince.

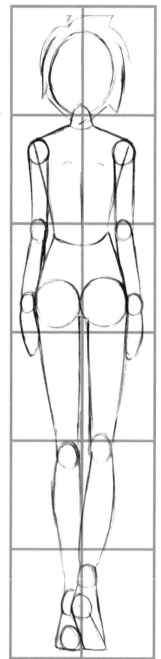

2. **Dessinez la silhouette.**

- Pour un corps mince, les cercles des articulations sont plus petits.
- Reliez les articulations par des lignes en donna à l'ensemble une forme humaine.
- Gommez les lignes superflues.

3. **Dessinez les vêtements.**

- Donnez du volume à la région des épaules.
- Pour la jupe, imaginez un tissu souple et fluide. Essayez de lui donner un aspect naturel.

4. **Achevez le dessin.**

L'atelier manga – Shojo

30

Les parties du visage | *Les yeux*

Dessinez son contour.

Accentuez la partie supérieure.

Ajoutez le reflet (rehaut).

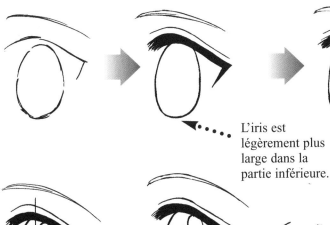

L'iris est légèrement plus large dans la partie inférieure.

La partie supérieure du reflet est plus étroite.

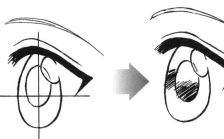

Dessinez la pupille.

Ajoutez les ombres à l'aide de hachures fines et régulières.

• Ici l'œil n'a qu'un seul reflet.
• Le regard gagne en simplicité.

Vue latérale de l'œil

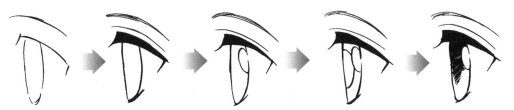

L'ordre d'exécution est le même que pour la vue de face. La taille de l'iris est environ de la moitié de celui vu de face.

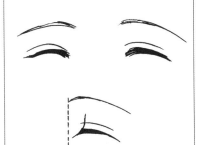

Les sourcils dépassent légèrement des yeux, vers l'intérieur du visage.

Les paupières tombantes créent une impression de tristesse. Un reflet plus grand fait paraître les yeux humides.

Les mains

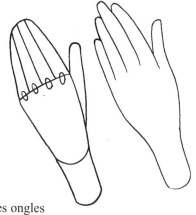

Caractéristiques.
- Les doigts s'affinent vers leur extrémité.
- Pour donner une impression de douceur, les articulations ne sont pas marquées.

N'ajoutez les ongles que lorsque les doigts pointent vers le haut.

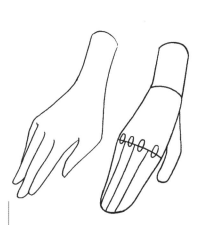

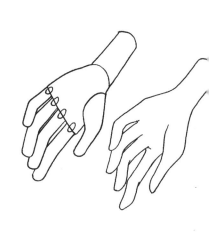

Les jambes et les pieds

- Les jambes sont minces de haut en bas.
- Comme pour les mains, le galbe des jambes est doux et souple.

Vue latérale

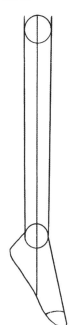

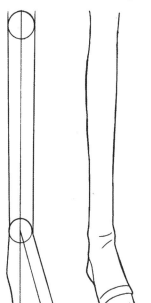

Vue plongeante en diagonale.

Expressions du visage

Vive.

Ravie.

Troublée.

Triste.

Heureuse.

Quelques postures

Quelques postures

Dessiner les shojos

Les audacieuses

Dessiner le visage de face

Ici, il s'agit d'un personnage adulte.
Tout en dessinant, cherchez les points
importants.

1. Dessinez le contour de la tête.

Tracez un axe vertical au
milieu du visage et un axe
horizontal pour la ligne
des yeux.

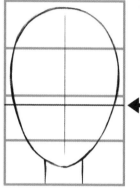

← Position des yeux.

Aidez-vous d'une
grille pour respecter
les proportions.

2. Dessinez les contours des parties du visage.

Par la suite, passez
aux contours du visage
et de la chevelure.

Dessinez la ligne d'implantation des cheveux.

Pour une vue de face,
il est important
de la définir.

Les parties du visage

3. **Dessinez les parties du visage (yeux, nez, bouche, sourcils et oreilles).**

Ensuite passez aux cheveux, en commençant par la frange. Veillez à ce que les lignes figurant les cheveux restent souples et douces.

4. **Achevez le dessin.**

Après avoir complété le visage, gommez les lignes superflues. Vérifiez les détails et l'équilibre général.

Dessiner le visage de profil

1. Dessinez le contour de la tête en veillant à l'inclinaison de la nuque.

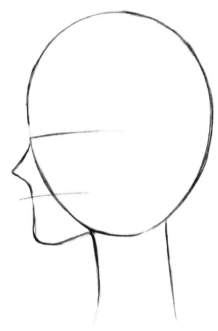

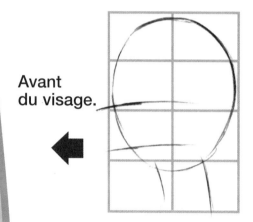

Avant du visage.

Dans cet exemple, le visage est légèrement allongé. Un menton plus proéminent donne au personnage de la maturité.

2. Ajoutez les contours des yeux, des oreilles et de la chevelure.

Pour le menton, évitez de dépasser cette ligne : vous risquez de creuser le visage.

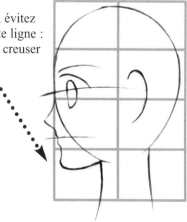

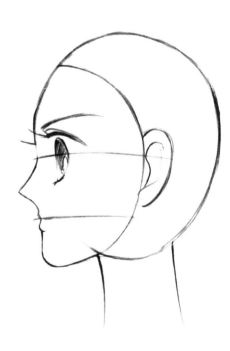

Vue de profil

3. **Dessinez les cheveux.**

Les cheveux du personnage tombent naturellement, sans se dresser de façon désordonnée.

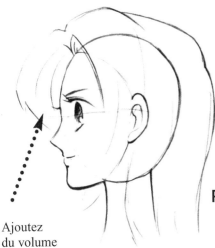

Ajoutez du volume à l'avant.

Première étape.

Seconde étape.

4. **Achevez le dessin.**

Gommez les lignes superflues, puis vérifiez les détails.

ATTENTION !

En principe, les cils de l'œil droit ne sont pas visibles, mais ici ils sont délibérément longs pour accentuer la féminité du personnage.

ATTENTION !

Pour le plaisir de l'exercice, ne vous contentez pas d'un seul profil. Essayez de dessiner les deux.

Dessiner le corps | *Main sur la hanche*

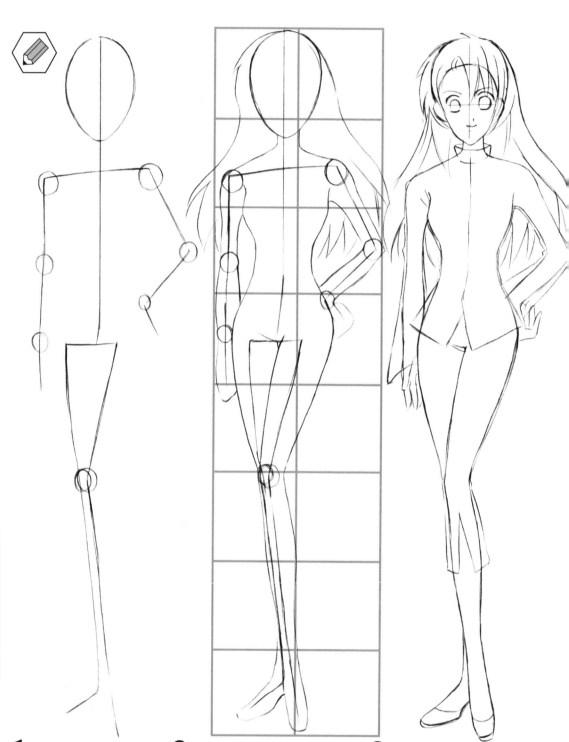

1. Esquissez les grandes lignes.

Suivez les proportions de 1 pour 6,5. Dessinez des épaules légèrement plus larges.

2. Dessinez la silhouette.

Donnez forme au corps. Essayez de faire des petits pieds, comme ici.

3-1. Dessinez les contours du visage.

Tracez celui des yeux, du nez, de la bouche, des sourcils, des oreilles et de la chevelure. Choisissez le style des vêtements et ébauchez les grandes lignes

L'atelier manga – **Shojo**

42

Achever le personnage

3-2. Ajoutez les détails du visage et de l'ensemble.

4. Achevez le dessin.

Vue de dos

1. **Ébauchez les grandes lignes.**

- Pour une lycéenne, les proportions sont de 1 pour 6,5.
- Jambes longues et minces.

2. **Dessinez la silhouette.**

Remarquez la longueur des jambes et l'évidente hauteur de la taille.

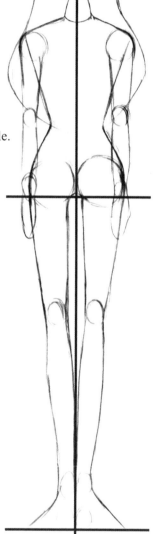

4. **Achevez le dessin.**

Les cheveux tombent sur les épaules et définissent un style de coiffure. Ici, il a été délibérément choisi pour accentuer la forme des épaules, cachées par les cheveux.

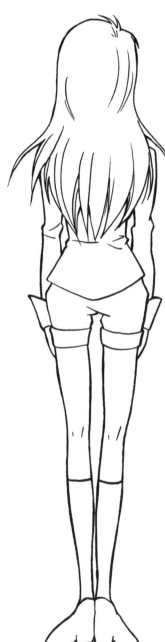

3. **Dessinez les vêtements.**

Dessinez également la partie dissimulée par les cheveux.

Les parties du visage | *Les yeux*

Tracez le contour.

Soulignez.

Dessinez le reflet (rehaut).

Le globe oculaire fait saillie au-delà de la paupière supérieure.

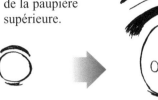

Dessinez la pupille.

Ajoutez les ombres.

Caractéristiques de l'œil.

- La paupière supérieure est épaisse.
- Les cils sont fournis.
- Le reflet est de grande taille.

Vue latérale de l'œil

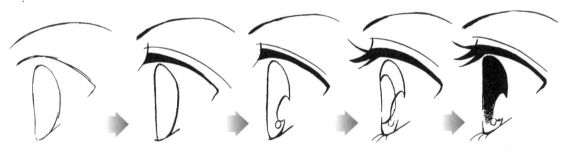

Supprimez les cils du bord extérieur.

La paupière inférieure est quasiment rectiligne. L'épaisseur de la paupière supérieure définit l'inclinaison de l'œil.

Les mains

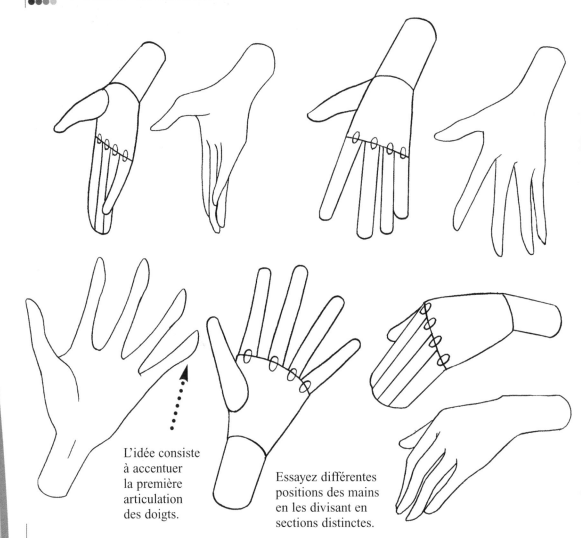

L'idée consiste à accentuer la première articulation des doigts.

Essayez différentes positions des mains en les divisant en sections distinctes.

Les pieds

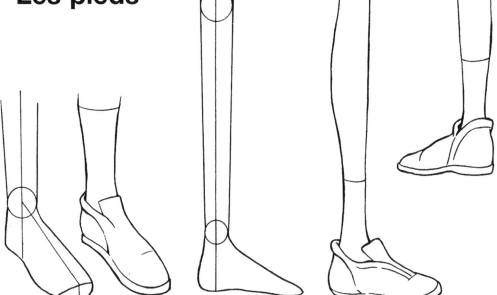

L'atelier manga – **Shojo**

Surprise.

Suspicieuse.

Intéressée.

En colère.

Amusée.

Quelques postures

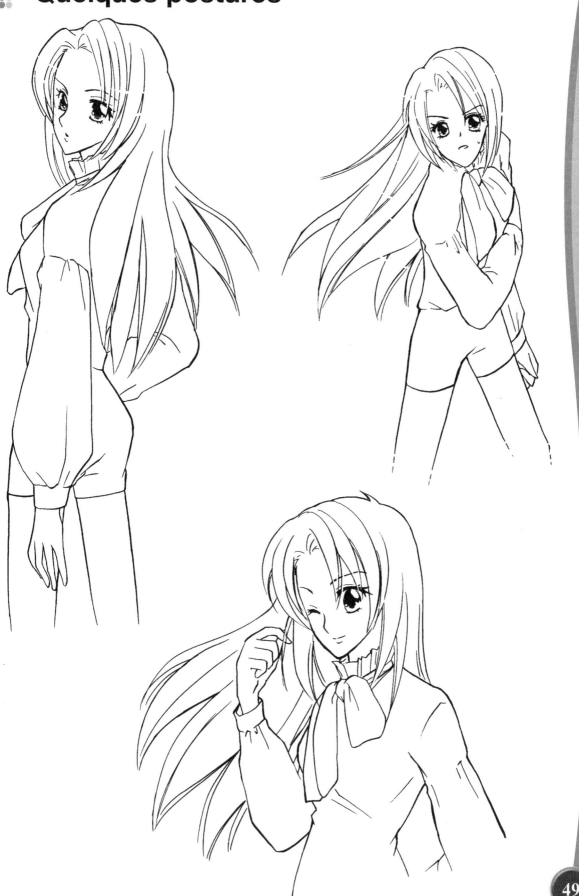

Quelques postures

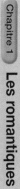
Dessiner les shojos

Les romantiques

Dessiner le visage de face

1. **Ébauchez l'ovale du visage.**
Dessinez deux axes : vertical au milieu du visage, horizontal pour la ligne des yeux.

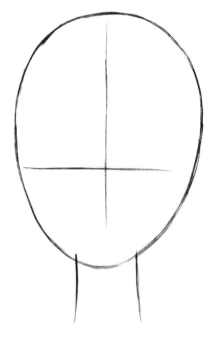

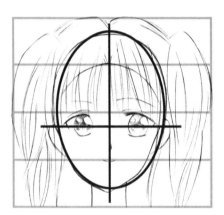

2. **Dessinez les contours des différentes parties du visage.**
D'abord le visage, puis les cheveux.

Dessiner le visage de face

3. Ajoutez les parties du visage.

Après les parties principales (yeux, nez, bouche, sourcils et oreilles), dessinez les cheveux en commençant par la frange.

Commencez par la frange car elle dissimulera une partie des cheveux sur la tête.

4. Achevez le dessin.

Ici, l'important est de donner une certaine souplesse à la coiffure. Détendez les muscles de votre bras en dessinant. Supprimez les traits inutiles au fur et à mesure, pour éviter par la suite d'avoir trop de lignes à gommer.

Dessiner le visage de profil

1. **Dessinez un cercle pour la tête.**

Attention à bien rerpoduire l'angle d'inclinaison de la nuque.

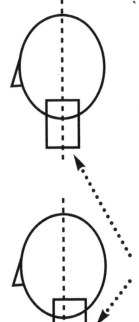

Vues de profil, la tête et la nuque ne sont pas alignées en leur milieu : la nuque est légèrement décalée vers l'arrière.

Donnez son inclinaison à la nuque.

2. **Tracez les contours des yeux, des oreilles et des cheveux.**

Comme pour toutes les parties du visage, le contour est déterminant. Ici, la ligne des cheveux est arrondie.

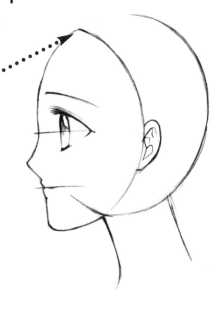

Dessiner le visage de profil

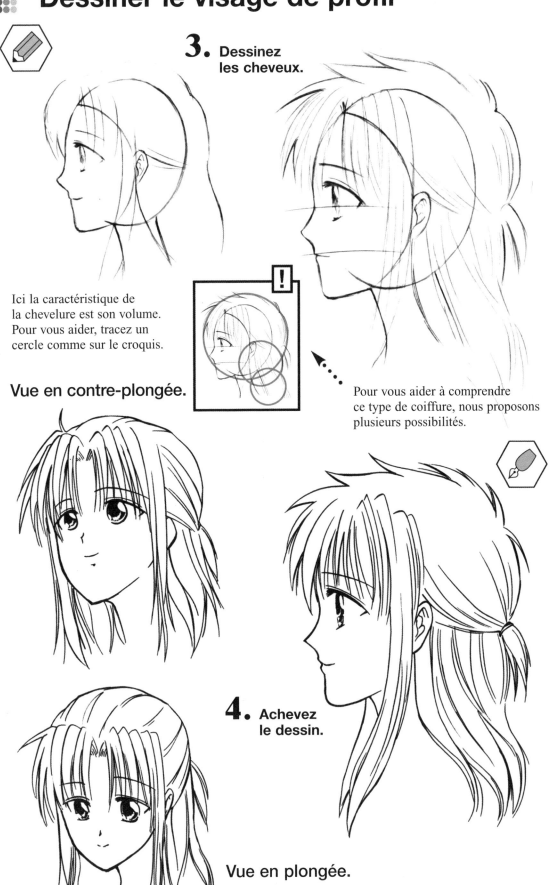

3. Dessinez les cheveux.

Ici la caractéristique de la chevelure est son volume. Pour vous aider, tracez un cercle comme sur le croquis.

!

Vue en contre-plongée.

Pour vous aider à comprendre ce type de coiffure, nous proposons plusieurs possibilités.

4. Achevez le dessin.

Vue en plongée.

Dessiner le corps | *De trois quarts*

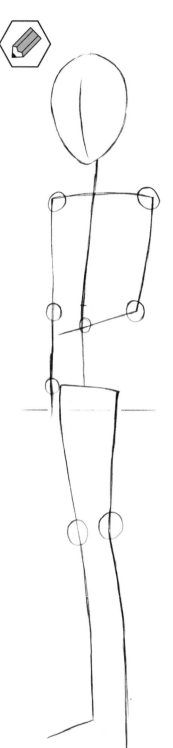  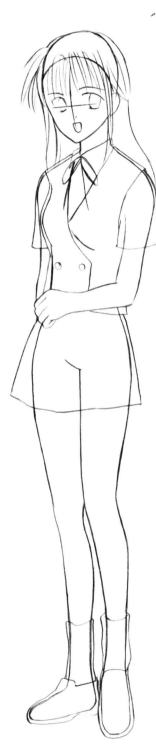

1. **Ébauchez les grandes lignes.**

Respectez les proportions de 1 pour 6.

2. **Dessinez la silhouette.**

(Taille et corpulence moyennes.)

3-1. **Dessinez les contours des différentes parties.**

(Yeux, nez, bouche, oreille cheveux, vêtements, etc.)

Achever le personnage

Pour le dessin de la jupe, veillez à ce que la ligne débutant à la taille et descendant le long de la jambe suive le mouvement du corps (comme dans l'exemple ci-dessous).

3-2. Dessinez les détails du visage et de l'ensemble.

4. Achevez le dessin.

Vue de dos

1. **Ébauchez les grandes lignes.**

Respectez les proportions de 1 pour 6. Ce personnage est de taille et de corpulence moyennes.

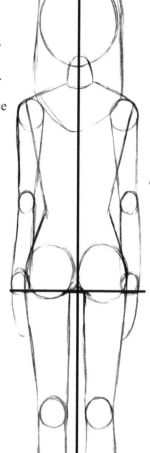

2. **Dessinez le contour de la silhouette.**

Comparez à l'exemple 3 et notez que la position de la taille, des fesses et la longueur des jambes sont différentes. Ces différences accentuent, entre autres, l'écart d'âge entre les deux personnages.

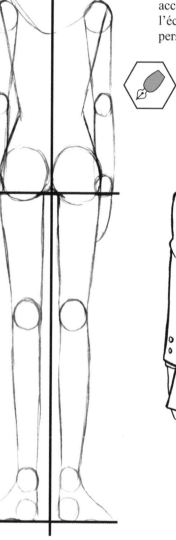

3. **Dessinez les vêtements.**

De façon générale, préférez-les courts et ajustés. Les chaussettes tombantes sont une des caractéristiques de cette tenue.

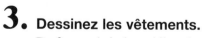

4. **Achevez le dessin.**

Les parties du visage | *Les yeux*

Tracez le contour.

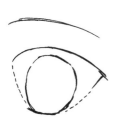

Soulignez.

Dessinez les reflets (opposés).

Veillez à utiliser des traits fins.

Dessinez la pupille.

Ajoutez les ombres à traits fins.

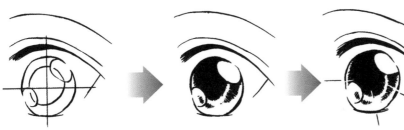

Ajoutez des reflets rayonnants.

Vue latérale de l'œil

Le trait est pratiquement droit.

Vue de l'œil de face.
À gauche, les paupières inférieure et supérieure se rejoignent pratiquement.

Notez comment, avec l'addition des cils, l'expression des yeux change.

Les mains

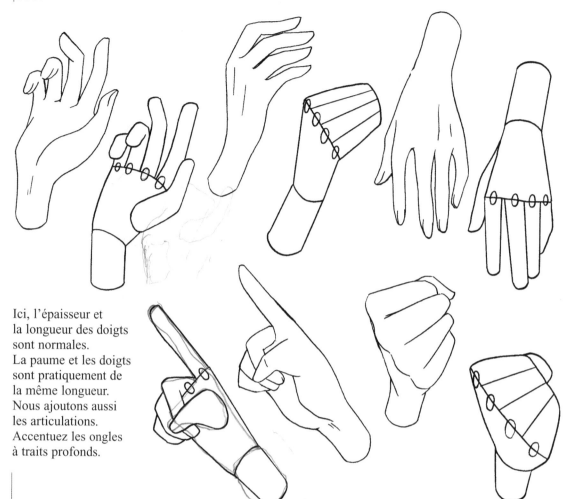

Ici, l'épaisseur et la longueur des doigts sont normales. La paume et les doigts sont pratiquement de la même longueur. Nous ajoutons aussi les articulations. Accentuez les ongles à traits profonds.

Les jambes et les pieds

La longueur et l'épaisseur des jambes sont celles d'un personnage de taille moyenne. Les articulations des genoux et des chevilles sont pratiquement de même dimension.

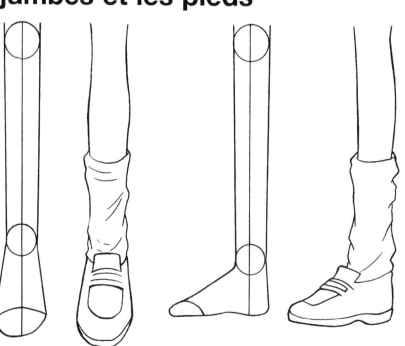

Expressions du visage

Heureuse.

Déçue.

Impatiente.

Furieuse.

Blessée.

Inquiète.

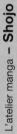

Quelques postures

AKAMIE

**Dessiner
les shojos**

Collégienne
le jour,
star la nuit

Dessiner le visage de face

1. **Dessinez le contour de la tête.**

Tracez deux axes : vertical au milieu du visage, horizontal pour la ligne des yeux.

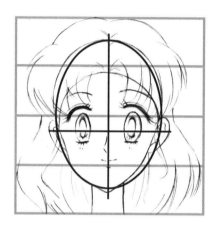

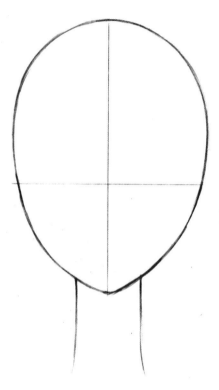

Contour de la chevelure.

2. **Dessinez les contours des parties du visage.**

Puis tracez le contour de la chevelure et décidez de l'emplacement des traits du visage.

Ligne d'implantation des cheveux.

Dessiner le visage de face

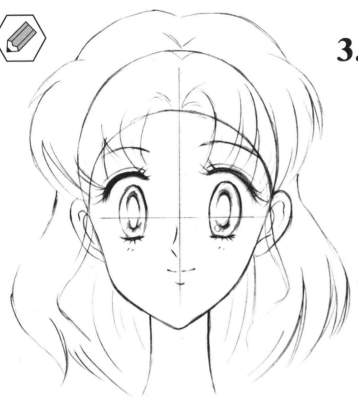

3. Ajoutez les différentes parties.

Après avoir dessiné les parties principales du visage (yeux, nez, bouche, sourcils, oreilles), ajoutez les cheveux en commençant par la frange.

4. Achevez le dessin.

Soyez particulièrement attentif au tombant et au volume des cheveux : ils ne doivent pas être plats. Veillez à en dessiner le contour en harmonie avec la coiffure.

Vérifiez l'équilibre et le volume des cheveux en vous référant à l'illustration.

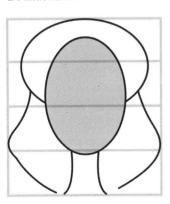

Dessiner le visage de profil

1. Dessinez le contour de la tête.

Dessinez cinq lignes verticales équidistantes comme sur le croquis. Puis une dernière touchant le bout du nez qui sera approximativement équidistante des autres.

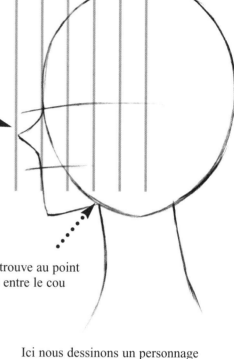

La gorge se trouve au point de rencontre entre le cou et le visage.

Ici nous dessinons un personnage d'apparence adulte : les yeux, placés plus haut, seront plus écartés.

2. Ajoutez les yeux, les oreilles et la ligne d'implantation des cheveux.

Si cet espace est trop important, le personnage aura une apparence plus juvénile.

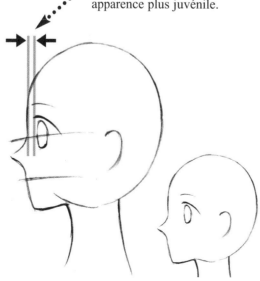

Dessiner le visage de profil

3. **Dessinez les cheveux.**

Ébauchez la chevelure. Faites-le en créant des sections distinctes.

Lorsqu'elle est en place, ajoutez les détails.

Première esquisse.

Le dessin de la collégienne super-héroïne a des traits adultes : rendez le front apparent et placez les yeux plutôt haut dans le visage.

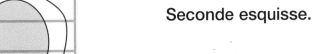

Seconde esquisse.

Vue d'un angle différent

En diagonale.

4. Achevez le dessin.

Dessiner le corps | *Une fille élancée*

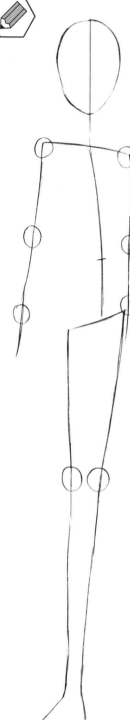

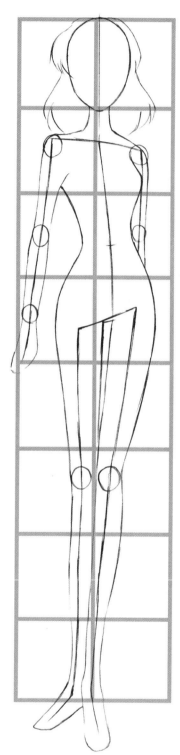

1. Ébauchez les grandes lignes.

Respectez les proportions de 1 pour 8.

2. Dessinez la silhouette générale.

Le personnage possède des hanches et des chevilles fines. Donnez-lui une allure de mannequin en avançant une épaule et imprimant une rotation aux hanches.

3-1. Les contours.

Ajoutez les contours des détails.

L'atelier manga – **Shojo**

Achever le personnage

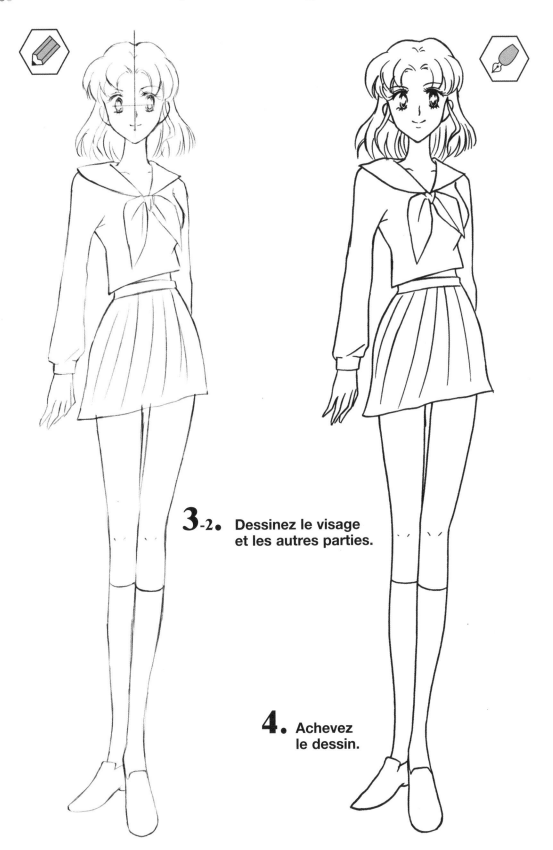

3-2. Dessinez le visage
et les autres parties.

4. Achevez
le dessin.

Vue de dos

1. Ébauchez les grandes lignes.

Respectez les proportions de 1 pour 8. La silhouette est mince et les jambes sont fines.

2. Dessinez la silhouette.

- Attention aux dimensions des articulations.
- Les jambes sont longues et le coccyx est au-dessus de la ligne divisant le corps en deux.
- Le torse est étroit et s'amincit sous la poitrine.
- Éliminez les lignes superflues.

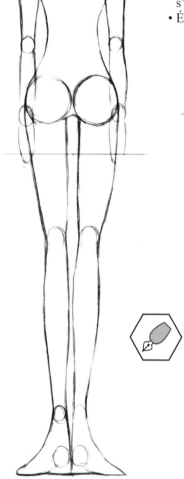

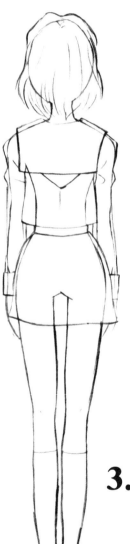

3. Dessinez les vêtements.

Superposez-les à la silhouette. Ne les écartez pas trop du corps pour ne pas perdre l'aspect général.

4. Achevez le dessin.

Les parties du visage | *Les yeux*

Tracez le contour.   Soulignez.   Dessinez le reflet.

Ombrez à l'extérieur
des reflets.   Dessinez les cils.   Rehaussez de blanc.

ue latérale de l'œil

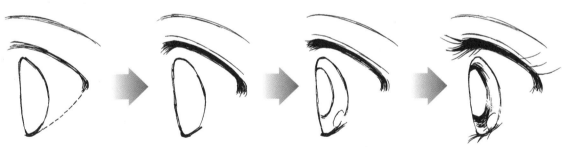

L'ordre d'exécution est le même que de face.

Le reflet est en forme
de demi-cercle.

Mauvais exemple.
Les deux paupières
ne sont pas réunies.

!

Dessinez d'importants reflets.

Les mains

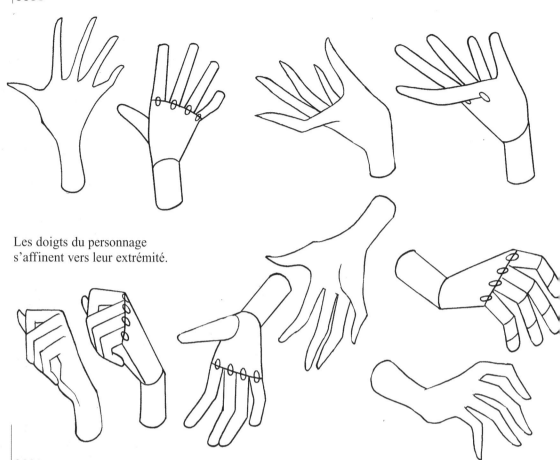

Les doigts du personnage s'affinent vers leur extrémité.

Les jambes et les pieds

Comme les mains, les jambes sont fines, voire maigres.

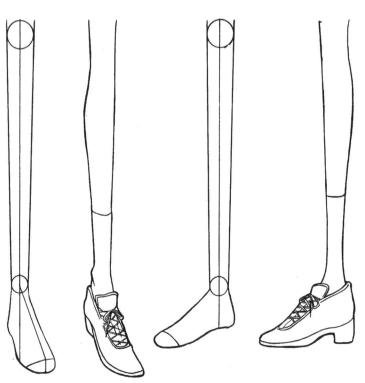

Expressions du visage

Surprise.

Vive.

Satisfaite.

Inquiète.

« Qu'est-ce qu'il cherche encore ? »

Quelques postures

Quelques postures

**Dessiner
les shojos**

Styles
génériques

Dessiner le visage de face

1. **Dessinez le contour de la tête.**

Ajoutez les deux axes : vertical et horizontal.

Attention, placez les yeux dans la partie inférieure du visage.

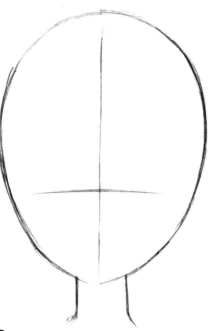

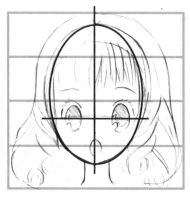

Tout en dessinant, essayez d'imaginer l'image achevée.

2. **Tracez les contours des parties du visage.**

Décidez de l'emplacement de chaque partie et dessinez le contour de la chevelure.

Il est difficile d'avoir une vue d'ensemble de la chevelure : en vous référant à l'illustration, divisez-la en sections distinctes pour vous aider.

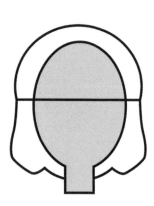

Dessiner le visage de face

Implantation des cheveux.

Contour de la chevelure.

La frange est incurvée.

3. **Ajoutez les différentes parties.**

Après les parties principales (yeux, nez, bouche, sourcils, oreilles), dessinez les cheveux, en commençant par la frange.

4. **Achevez le dessin.**

Dessiner le visage de profil

1. **Dessinez le contour de la tête.**

Attention à l'inclinaison de la nuque.

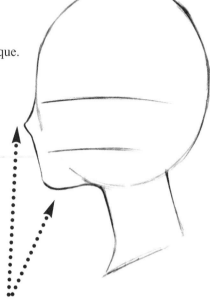

Ce personnage possède un menton et un nez plus petits.

2. **Tracez les contours des yeux, des oreilles et des cheveux.**

Une fois le dessin achevé, les oreilles seront cachées, mais elles aident à trouver le juste emplacement de la chevelure.

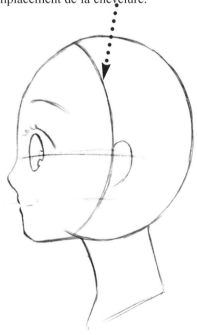

La forme de la bouche vue de profil : ainsi que le montre le croquis de droite, une bouche harmonieuse possède une lèvre supérieure légèrement proéminente par rapport à la lèvre inférieure.

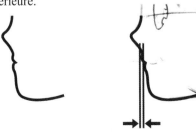

Dessiner le visage de profil

Première étape
de l'esquisse.

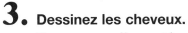

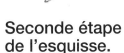

Une fois trouvé
l'équilibre
général du
visage, ajoutez
les détails.

3. **Dessinez les cheveux.**

Tracez-en grossièrement le contour.
Ici les cheveux tombent en boucles
sur les oreilles.

Seconde étape
de l'esquisse.

Vue en
diagonale.

Pour avoir une idée exacte du style de la coiffure,
observons-la sous différents angles.

4. **Achevez
le dessin.**

En diagonale,
de haut en bas.

1. Ébauchez les grandes lignes.

Respectez les proportions de 1 pour 4,5.

2. Dessinez la silhouette générale.

Essayez d'imaginer un enfant et donnez au personnage un look enfantin. Le corps présente peu de galbes.

3-1. Dessinez le contour du visage.

Esquissez rapidement les vêtements.

Achever le personnage

3-2. Dessinez le visage et les autres parties du corps.

4. Achevez le dessin.

Vue de dos

1. **Ébauchez les grandes lignes.**

- Respectez les proportions de 1 pour 4,5.
- Apparence juvénile.
- Petite stature.

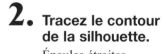

2. **Tracez le contour de la silhouette.**

Épaules étroites.

3. **Dessinez les vêtements.**

4. **Achevez le dessin.**

Les parties du visage | *Les yeux*

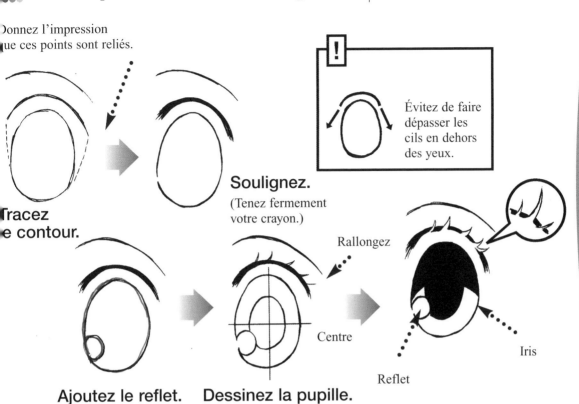

Donnez l'impression que ces points sont reliés.

Tracez le contour.

Soulignez.
(Tenez fermement votre crayon.)

Rallongez

Centre

! Évitez de faire dépasser les cils en dehors des yeux.

Iris

Reflet

Ajoutez le reflet. Dessinez la pupille.

Vue latérale de l'œil

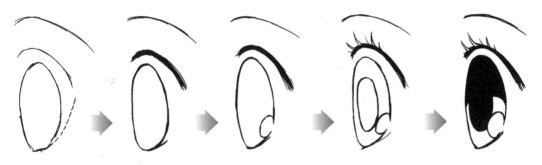

Expressions du regard

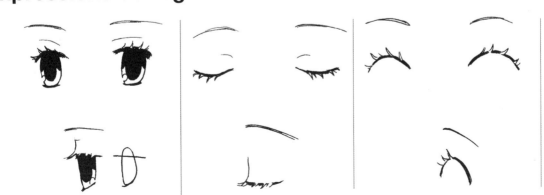

La paupière tombe et la taille de la pupille est différente.

En réalité, les yeux ne changent pas énormément lorsqu'ils sont fermés, mais en exagérant un trait, l'expression se modifie.

Les mains

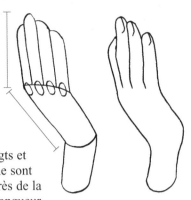
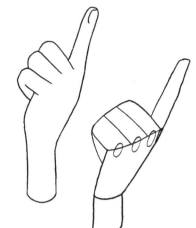
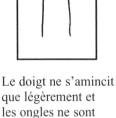

Les doigts et
la paume sont
à peu près de la
même longueur.

Le doigt ne s'amincit
que légèrement et
les ongles ne sont
pas complets.

Les doigts ont un petit aspect
palmé. Ne les dessinez pas en V.

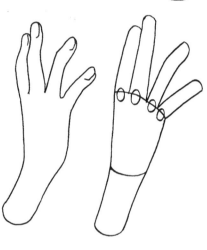

Les jambes et les pieds

Comme les mains,
les jambes présentent
peu de galbe.

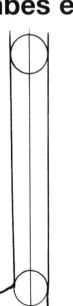

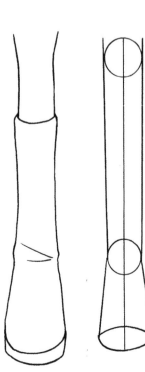

En ajoutant de grosses
chaussures, la ligne
de la jambe disparaît,
l'ensemble devient mignon
et prend une apparence
juvénile.

Expressions du visage

Surprise.

Déterminée.

Indignée.

Heureuse.

Furieuse.

Quelques postures

がりッ

Oh !

Chapitre 2
Coiffures, tenues
et accessoires de shojos

Cheveux courts

Dessiner les cheveux courts

À l'aide de cercles

Dessinez à l'aide de formes simples : ici, construisez des coiffures pour cheveux courts en partant de cercles.

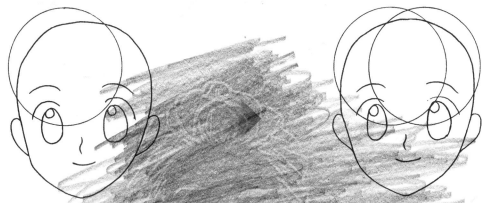

1. Dessinez un cercle.

2. Ajoutez un second cercle sur le premier.

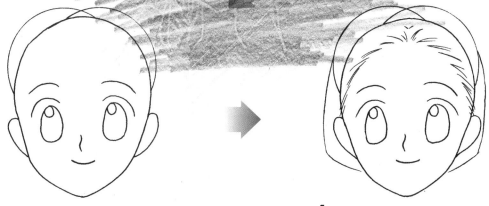

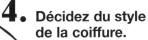

3. Gommez les lignes superflues.

4. Décidez du style de la coiffure.

5. Éliminez les traits superposés et superflus.

L'image finale.

Cheveux longs

Dessiner les cheveux longs

De profil

1. Après la silhouette, dessinez la frange.

Attention à la forme générale de la coiffure.

2. Dessinez le contour de la chevelure. Suivez la forme de la tête et tracez des lignes continues.

3. Tout en poursuivant, suivez le contour de la chevelure.

Accentuez l'arrondi du crâne par des lignes courbes.

De face

Les cheveux se séparent au niveau des oreilles.

De dos

Le contour est le même que de face. Le visage n'étant pas visible, exprimez le volume par des lignes appropriées.

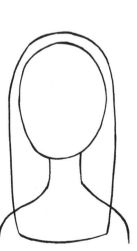

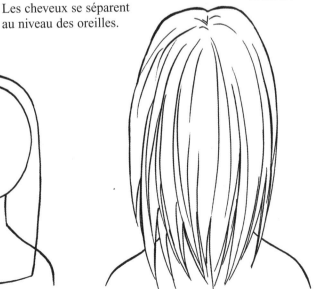

Le style lolita

Le style lolita

Dessiner les lolitas

Usez et abusez des attributs typiques !

Par exemple les rubans, fronces, petites jupes et autres accessoires.

En dessinant, tenez compte des détails.

Insistez sur la taille et l'aspect des rubans, fronces, etc.

La coiffure est avenante.

Pensez aux pinces, attaches, etc.

Ce qu'il faut savoir sur les nœuds.

Chaque ruban possède deux faces.

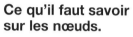

Les rubans e fronces sont importants pour les personnages juvéniles.

Le bout des chaussures est arrondi : elles sont mignonnes.

Souvenez-vous que les rubans sont faits d'une seule pièce de tissu.

Dessiner les lolitas

Col

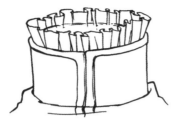

Fronces généreuses.

Simples plis avec bords ondulés.

Pour les petits dessins, limitez les détails.

Dessinez seulement les contours.

Manches

Ajoutez des détails selon vos propres goûts et votre imagination.

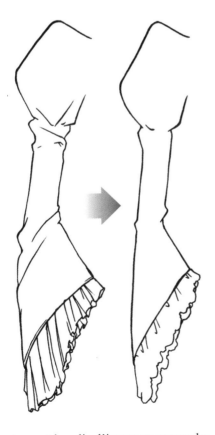

Image simple : les vêtements sont sobres.

Image détaillée : les vêtements sont réalistes.

En éliminant les coutures et les plis, l'image se rapproche plus du style manga.

Le style garçon manqué

Dessiner les garçons manqués

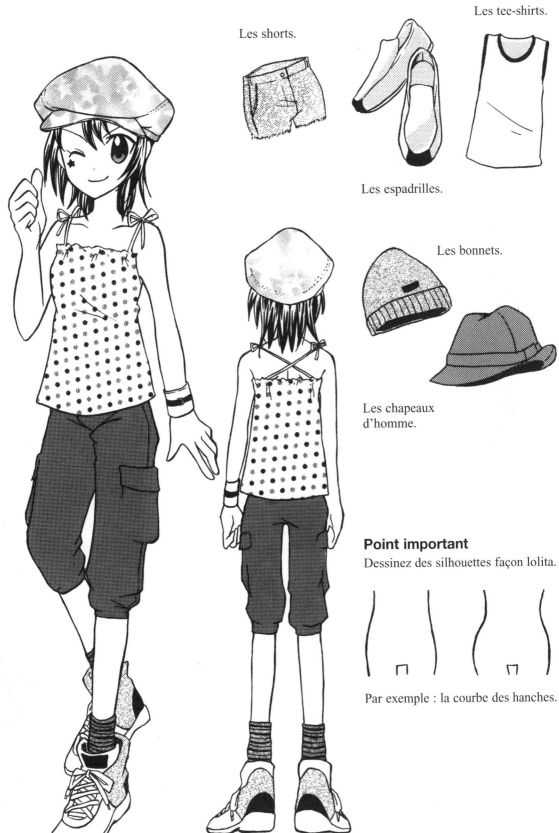

Les shorts.

Les tee-shirts.

Les espadrilles.

Les bonnets.

Les chapeaux
d'homme.

Point important

Dessinez des silhouettes façon lolita.

Par exemple : la courbe des hanches.

103

Le style marin

Il existe toute une variété de styles marins. Les tenues de gauche sont traditionnelles, tant dans le style que dans les couleurs. Celles de droite sont pour les collégiennes.

Les tenues de marin ont de grands cols et des rubans.

Le style marin

Le style change en fonction des saisons. Il existe des tenues d'été et d'hiver.

Tenue d'hiver.

Tenue d'été.

Le tissu de la tenue d'été est plus fin et plus léger.

Les rubans et cravates sont fermés par des boutons.

Les cols sont aussi amovibles.

Dessiner une tenue de marin

Manches

Les différentes parties

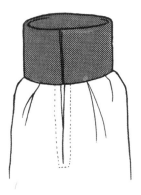

Le tissu est en double.

Les boutons sont
à l'intérieur.

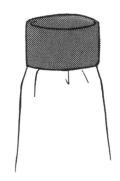

Les fronces sont simples.

Ici, fronces et nœuds
sont dessinés.

Ici, les lignes
sont légèrement
déformées.

Les plis sont plus étroits
en allant de l'intérieur
vers l'extérieur.

Vérifiez !

Ici le dessin est sobre et
destiné à des personnages
de petite taille ou comiques.

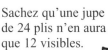

Sachez qu'une jupe
de 24 plis n'en aura
que 12 visibles.

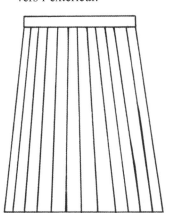

Plus étroit ← | → Plus étroit

107

Les chaussettes tombantes

Les chaussettes tombantes sont un « must » au collège. Ici nous en examinons les différents types et expliquons comment les dessiner.

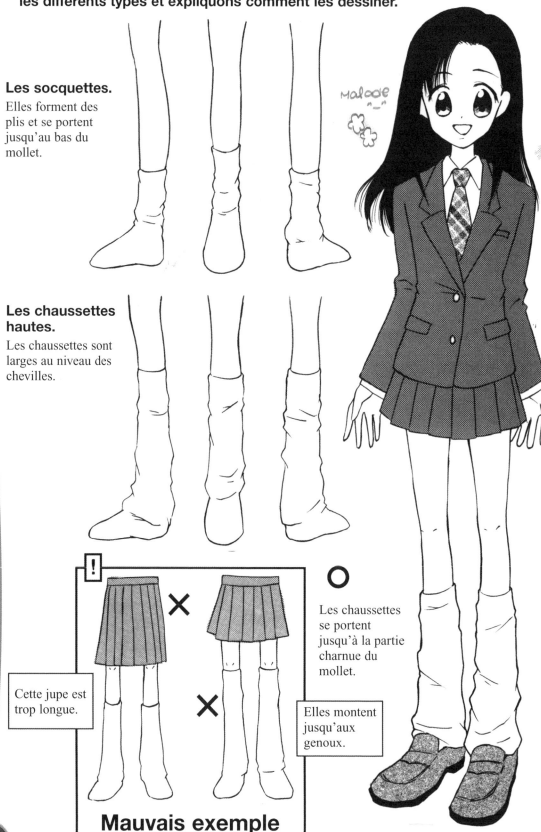

Les socquettes.
Elles forment des plis et se portent jusqu'au bas du mollet.

Les chaussettes hautes.
Les chaussettes sont larges au niveau des chevilles.

Les chaussettes se portent jusqu'à la partie charnue du mollet.

Elles montent jusqu'aux genoux.

Cette jupe est trop longue.

Mauvais exemple

Les différents types de chaussures

Les mocassins.
Ils doivent
présenter une
certaine fermeté.

Les baskets.
Elles sont en tissu
épais et sont donc
plutôt larges.

**Une façon simple
de dessiner les chaussures.**

Construisez une forme simple et
tracez des lignes pour vous guider.

Commencez par un parallélépipède,
arrondissez les angles pour modeler
la chaussure.

Accessoires

Accessoires pour étudiante

Peigne.

Sac d'école.
Ici, sac en bandoulière.

Miroir
de poche.

Pochette.

Étui pour carte
d'identité.

Bento
(boîte repas).

Chapitre 3
Dessinons !

Le visage sous différents angles

1. Dessinez une forme ovoïde pour le visage.

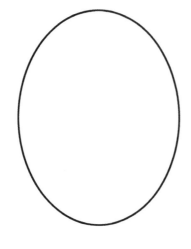

Imaginez que votre ligne de regard soit parfaitement horizontale.

2. Puis tracez trois axes horizontaux et un axe vertical. L'un des axes horizontaux se trouve au milieu, les deux autres sont équidistants, de part et d'autre. L'axe vertical divise le visage en deux.

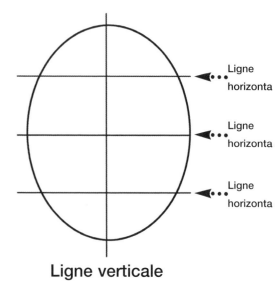

Ligne horizonta

Ligne horizonta

Ligne horizonta

Ligne verticale

3. Vue sous un angle différent.
En diagonale, de bas en haut et incliné

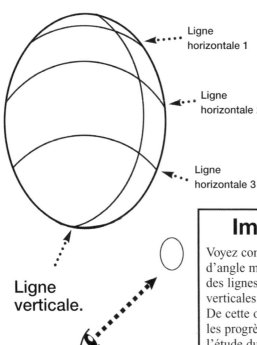

Ligne horizontale 1

Ligne horizontale 2

Ligne horizontale 3

Ligne verticale.

4. En diagonale de haut en bas (vue du dessus).

Ligne horizontale 1

Ligne horizontale 2

Ligne horizontale 3

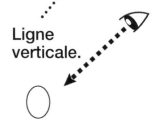

Ligne verticale.

Important !

Voyez comment la différence d'angle modifie l'emplacement des lignes horizontales et verticales de la tête.
De cette observation dépendent les progrès que vous ferez dans l'étude du visage. Tenez-en compte dès maintenant.

Le visage sous différents angles

- Dessinez les sourcils, les yeux, le nez et la bouche à l'intérieur de la forme ovoïde. La ligne verticale aide à respecter la symétrie des différents éléments.

2. Essayez de dessiner le visage de profil, à un angle de 90°.

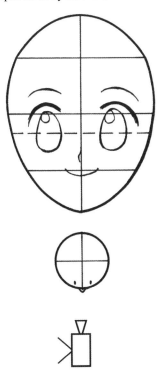

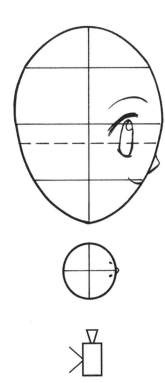

3. Essayez ensuite à un angle de 45°.

Les points importants

La ligne verticale sépare les yeux. L'œil le plus proche du spectateur est le plus éloigné de cette ligne.

L'œil proche du spectateur est plus grand.

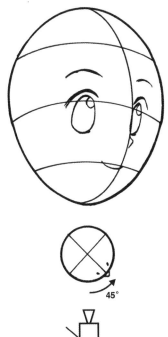

45°

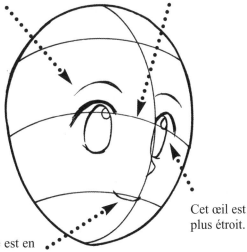

Cet œil est plus étroit.

La bouche est en retrait de la ligne verticale.

113

Le visage sous différents angles

Cou, cheveux, oreilles, etc.

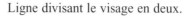

Ligne divisant le visage en deux.

Ligne divisant le visage en deux.

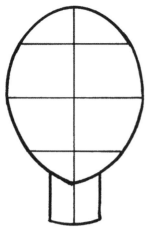

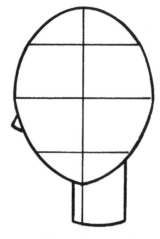

Important !

Attention à l'épaisseur et à la position du cou, qui varient si vous dessinez un personnage masculin ou féminin. De face, le cou se trouve au milieu de la tête, mais de profil il est légèrement décentré vers l'arrière.

Vue de face.

Vue de profil.

Ajoutez les cheveux et les oreilles.

Position des oreilles.

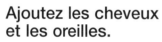

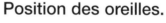

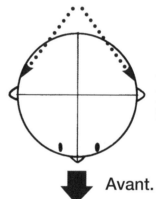

Vues d'en haut, les oreilles sont pratiquement centrées.

Avant.

En diagonale, de derrière.

En diagonale, de bas en haut.

En diagonale, de haut en bas.

Les visages rigolos

*Transformer
un personnage courant
en personnage rigolo*

Personnage courant

Le rapport entre la tête
et le corps a été modifié,
alors que le reste est
inchangé.

Les cheveux,
les yeux et les
autres parties
sont simplifiés.

Notez
l'épaisseur
du cou.

**Certaines parties du personnage
et certains de ses gestes sont
exagérés.**

Les visages rigolos

Lignes du front exprimant la colère, larmes en abondance, sueur et lignes verticales indiquant le malaise... voici les traits dont sont faits les mangas japonais !

Dans les mangas, tout est permis, même et surtout les traits que le dessin japonais classique n'utilise jamais.

Les erreurs à éviter

Le dessin de gauche comporte des erreurs délibérées. Chaque erreur est commentée. Comparez avec le dessin de droite.

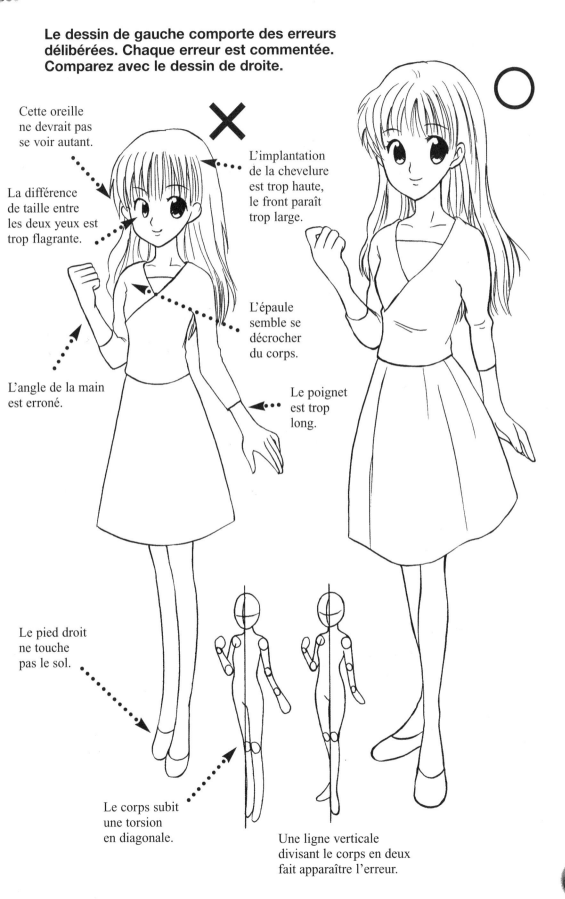

Cette oreille ne devrait pas se voir autant.

L'implantation de la chevelure est trop haute, le front paraît trop large.

La différence de taille entre les deux yeux est trop flagrante.

L'épaule semble se décrocher du corps.

L'angle de la main est erroné.

Le poignet est trop long.

Le pied droit ne touche pas le sol.

Le corps subit une torsion en diagonale.

Une ligne verticale divisant le corps en deux fait apparaître l'erreur.

La méthode de copie avec grille

1. Plaquez l'image sur une grille. Elle peut dépasser un peu.

2. Divisez la grille en au moins 8 parties.

3. Observez attentivement chaque image à l'intérieur de chaque partie de la grille. Voyez quelles lignes y sont tracées.

**La copie est la base de la progression.
Mais certaines images sont difficiles à reproduire.
La méthode de la grille présente des avantages certains.**

Exemple :
partie du visage inscrite
dans la section 7.

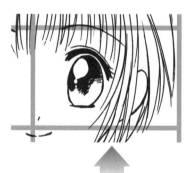

4. Isolez une section de la grille et reproduisez-la. Prenez la section 7 comme exemple. Observez attentivement l'image et reproduisez-la.

5. Changez de dimension et dessinez une grille en huit sections. Section par section, comme en 4, reproduisez l'image.

Cette méthode s'applique à toutes les images. Avec de la pratique, vous gagnerez en sens de l'équilibre et en maîtrise. Vous pourrez aborder tous les domaines. Après le visage, essayez de dessiner le corps entier.

Les effets spéciaux

Lignes concentrées.

Faites une marque au milieu de la feuille. Avec une règle, tracez des lignes rayonnantes allant de l'extérieur vers l'intérieur.

Employez différentes plumes et feutres faciles à utiliser.

Ce motif est souvent utilisé pour indiquer la tension.

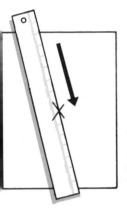

Tournez le papier au fur et à mesure et dirigez les lignes vers le centre.

Lignes indiquant la vitesse.

Imaginez un décollage puissant, puis relâchez la pression de la plume vers la fin de la ligne.

Dessinez des lignes parallèles.

Application

Utilisez un pistolet à dessin pour tracer ces lignes.

Explosion.
Flash en « oursin ».

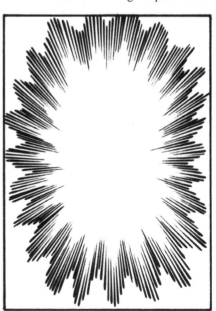

Introduisez des flashes (avec du papier transfert).

Commencez au milieu et grattez les lignes vers l'extérieur
en les adoucissant sur les bords. Utilisez une grande feuille
pour ne pas endommager le dessin se'trouvant en dessous.
Utilisez une règle en métal.

Évitez les
règles en
plastique qui
risquent de
s'endommager.

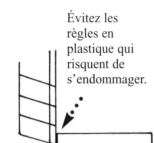

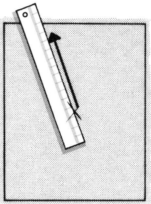

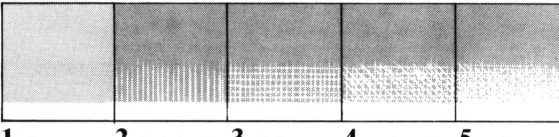

1. Grattez une section de 3-5 mm de large.　　**2.** Verticalement.　　**3.** Horizontalement.　　**4.** En diagonale.　　**5.** En diagonale.

Reprenez de 2 à 5 jusqu'à ce que la partie soit suffisamment estompée.

Application

Méthodes de découpe.

Uniforme.

Décalée.

Uniforme.

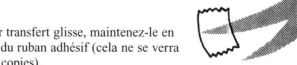

Si le papier transfert glisse, maintenez-le en
place avec du ruban adhésif (cela ne se verra
pas sur les copies).

Ajouter un fond

Avec plumes et stylos

Type de plume	Caractéristiques		Plume	Ligne
Plume à dessin A / E	Dure / Douce	Trace des lignes fines ou épaisses selon la pression exercée.		
Plume pour usage scolaire	Lignes douces, uniformes. Utilisé pour les mangas filles.			
Plume classique	Lignes dures, uniformes. Difficile à utiliser.			
Plume à tube capillaire	Facile à manipuler, en appuyant ou libérant la pression. Convient aux personnages masculins.			

Comment utiliser la plume.

- La pression variant d'un individu à l'autre, cherchez la plume qui vous convient.
- C'est la pratique qui fait le maître. Votre main doit pivoter à partir du coude quand vous dessinez, et ne pas reposer uniquement sur vos doigts.

- Utilisez l'encre avec parcimonie pour ne pas tacher le papier.
- Lavez les plumes à l'eau et essuyez-les.
- Les plumes ne sont pas éternelles. Lorsque leur bout est émoussé, remplacez-les.

Stylos à dessin.

(pour les bords, etc.)

- Il existe une infinie variété de lignes qui conviennent à la mise en page.
- Exercez une pression constante et dessinez une ligne continue.

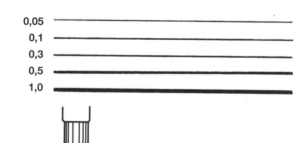

Stylos tubulaires.

Conviennent aux lignes continues. Ne s'effacent pas à la gomme. Retournez la règle et tracez des lignes verticales.

Dessin au feutre pinceau.

Dessin au pinceau fin.

Les pinceaux.

(lignes épaisses)

- Coupez le bout du pinceau, comme ci-dessus : chaque trait sera plus couvrant.
- Un pinceau fin rend mieux la brillance des cheveux.

Les personnages *bidanshi*

Les garçons mignons.

Ils sont minces avec de grands yeux :
certains leur font un visage de bébé et des cils.

← ShimiACA

← Kimoto

Les garçons sympas.

Nez haut, grand, corps très distinct des filles.

Quelques visages.

Quelques visages.

Les animaux et les mascottes

Dessinons des animaux aux formes exagérées.

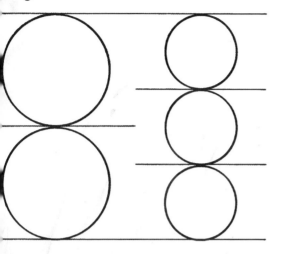

- Utilisez des proportions allant de 1 pour 1 à 1 pour 3.
- Les têtes ont des dimensions importantes.
- Placez les yeux, le nez et la bouche dans la partie inférieure du visage.

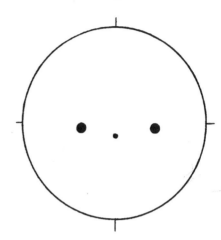

Les personnalités animales.

Exagérez les traits. La rondeur rend l'animal plus mignon.

Exemples

Traits :

- Motif noir et blanc.
- Pattes, pieds et jambes ronds.

Proportion de 1 pour 2

Traits :

- Oreilles longues.
- Fourrure douce.
- Queue ronde.
- Pattes et jambes humaines.

Proportion de 1 pour 3

Avant de créer un personnage animal, observez les vrais animaux dans la nature et sur des reproductions pour en avoir une connaissance objective.

Chapitre 4
Créons une histoire !

Créer une histoire

1. L'intrigue.

Décidez des grandes lignes de l'histoire.
Il est préférable qu'elle soit simple
et claire. Créez les personnages au fur
et à mesure. Ils sont l'âme du manga.
« Que pourrait dire tel personnage ?
Comment va-t-il se déplacer ? » : pensez
à ces détails en construisant votre histoire.

Choisissez
le nom, l'âge,
la personnalité, etc.
du personnage et
donnez-lui forme.

Exemple d'intrigue

**Ci-dessous vous trouverez le synopsis des trois
pages qui vont suivre.**

Personnages : une jeune fille (personnage principal), sa mascotte,
son jeune frère, son *sempaï* (aîné, tuteur) dont elle est amoureuse.

Introduction	La jeune fille a le béguin pour son tuteur et décide de lui faire un gâteau d'anniversaire.
Corpus	Malgré son enthousiasme à faire le gâteau, il ne ressemble en rien à ses prévisions. Elle est triste à l'idée de ne pas pouvoir se faire aimer de lui avec un gâteau aussi raté.
Point crucial	« Les apparences n'ont pas d'importance, ce sont les sentiments qui comptent », dit la mascotte en venant à son secours pour la rassurer. Ici, le jeune frère entre en scène.
Conclusion	Le jeune frère mange un morceau du gâteau et, au moment où elle va le réprimander, il bleuit et s'écroule. Le personnage principal est sans voix. « la forme est une chose, mais le goût en est une autre », marmonne la mascotte.

Synopsis

J'aime ajouter des détails à l'intrigue
et la faire éclater en plusieurs sections
sur la page avant de dessiner.

- Le personnage principal
  a acheté les ingrédients
  nécessaires à la
  fabrication du gâteau.
  « OK, allons-y », dit
  le personnage. « Tout
  va bien », répond
  la mascotte.   **page 1**
- Elle prend un livre
  et attaque la fabrication   **page 2**
  du gâteau.

2. L'organisation.

Mettez l'intrigue en images. Ne dessinez pas
immédiatement après avoir conçu l'histoire.
Sur une feuille de papier, jetez les principaux
épisodes et traits de caractère. Cette étape est
importante. Revoyez-la et corrigez si nécessaire.
- Soyez attentif à l'organisation dans la page.
- Veillez à l'équilibre des vignettes, tout
  en dessinant.

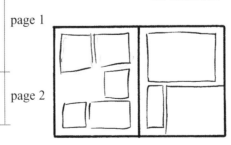 

Ici, il est important d'avoir une bonne idée de qui va dire quoi.

Créer une histoire

Le déroulement

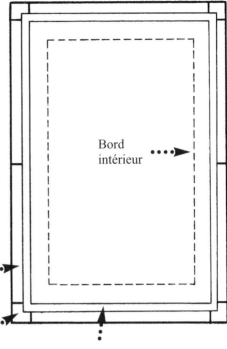

Bord intérieur

3. Esquisse rapide.

Certains points sont à prendre en compte au cours du travail. Pensez que votre manga deviendra un livre. Évitez de placer des vignettes ou bulles importantes au-delà du cadre de la page.

Nodo (le dos).

Page paire

Page impaire

Après avoir revu l'organisation générale, commencez à dessiner. Utilisez un crayon de papier HB qui convient parfaitement au crayonné. Selon l'effet recherché, choisissez parmi différentes épaisseurs de pointe.

Tachikiri (cadre du dessin).

Tonbo (bord extérieur).

Ligne de séparation (se voit à l'impression).

4. Repassez à la plume.

Après avoir repassé les grandes lignes à la plume, passez au fond et aux détails. Utilisez des plumes différentes, selon l'effet recherché (dessinez les éléments du fond, derrière les personnages, à traits plus fins).

5. Corrections et finitions.

Supprimez les lignes superflues avec du blanc correcteur. Veillez à ce que les dessins et les effets ajoutés en transfert remplissent la page jusqu'à la ligne *Tachikiri*.

Ligne *Tachikiri*.

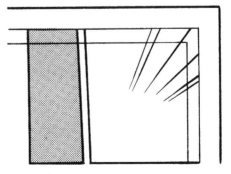

La ligne *Tachikiri* sert de mémoire et n'est que virtuelle.

Les astuces de conception

Divisez la page et positionnez les vignettes.

- L'emplacement et la taille des vignettes sont importants pour le développement de l'histoire.
- Variez les tailles pour ajouter du dynamisme.

Grandes vignettes.

- Elles attirent l'attention du lecteur.
- Utilisez-les pour les passages importants de l'histoire et ceux que vous voulez mettre en avant, comme une scène captivante, les déclarations d'amour…

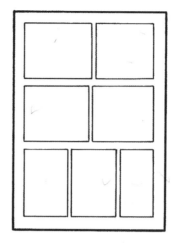

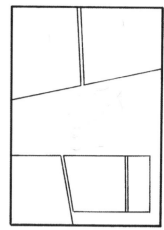

Ici, les vignettes sont de taille équivalente et ordonnées. Aucune vignette ne dépasse et l'ensemble est harmonieux.

Ici, les vignettes sont de tailles et de formes différentes. L'œil est attiré par les plus grandes.

Les bords des vignettes.

Les lignes ne sont pas uniquement destinées à séparer les vignettes, elles permettent de produire des effets qui dégagent de l'énergie.

a. Variez l'épaisseur du trait.

b. Créez des lignes avec du papier transfert (utilisez des encres de couleur claire, comme le bleu ciel, car elles ne se verront pas à la reproduction).

c. Faites chevaucher les lignes.

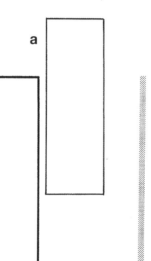

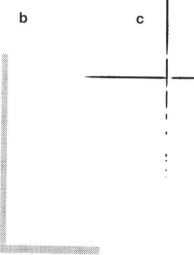

Les bulles.

Les bulles, comme les vignettes, peuvent changer de forme.

La taille et la forme des vignettes varient d'une personne à l'autre : certains utilisent des gabarits, d'autres les dessinent à main levée. Choisissez celles qui mettent le mieux en valeur vos personnages.

Les astuces de conception

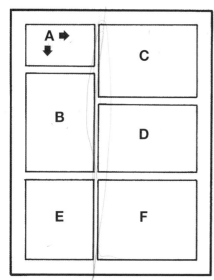

Pour créer une histoire intéressante, facile à lire, quelques techniques de base sont nécessaires.
Le modèle de gauche est-il facile à lire ?

Pour les mangas, les vignettes se lisent de gauche à droite et de haut en bas, servant ainsi de guide au lecteur.

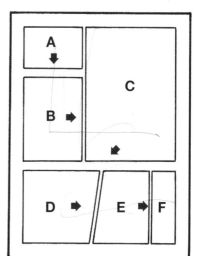

En déplaçant la vignette C, la lecture, à partir de la vignette supérieure gauche, devient plus aisée. En élargissant l'espace entre les vignettes, l'ensemble gagne en clarté (par exemple entre C et D).

Point 1

Il est difficile de distinguer la séparation entre les vignettes A et B.

Point 2

- La ligne verticale va de haut en bas, sur toute la page.
- Les pages semblent séparées en deux : gauche et droite. Optez pour une organisation proche du modèle à droite.

Vignettes faciles à utiliser.

Insérez des vignettes vierges. Elles permettent d'indiquer l'écoulement du temps ou un changement de scène.

Lorsque le nombre de pages est limité, ces vignettes font la différence et aident à comprendre. Vous pouvez ajouter des fonds ou des effets variés.

Les astuces de conception

À faire et à ne pas faire

Pour accentuer l'aspect désastreux du gâteau, la vignette est plutôt grande. ••••••▶

Angle *aori* (vue de bas en haut).

Le point de vue aide à comprendre la relation entre la position du personnage principal et le gâteau. •••••▶

Voici la scène où il est question de « remonter le moral » du personnage principal. Les visages sont en gros plan et les bulles importantes. ••••••▶

Le point de vue définit la position des objets (les immeubles élevés ou la vue du haut d'une falaise). Dans l'illustration de droite, où les deux personnages dirigent leur regard dans des directions différentes, il est impossible de savoir où se trouve l'objet de leurs préoccupations.

Les astuces de conception

Les rapports entre les personnages, leur maîtrise.

Bien que cela soit difficile à prédire dès cette vignette, en regardant la suivante, on constate que la position des bulles et celle de la fourchette sont incohérentes. Dans ce cas, il faut changer la position de la fourchette et du gâteau.

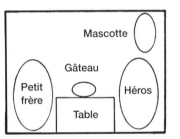

Souvenez-vous de l'organisation de cette image.

Quelques erreurs...

- Les personnages de la page suivante adoptent des positions différentes.
- Les personnages ne tiennent pas les objets dans la bonne main. Attention : ces détails comptent.

Augmenter ou diminuer le nombre de vignettes.

Cet exemple permet d'augmenter le nombre de vignettes de 2 à 3, dans la scène où le personnage s'effondre après s'être senti mal. Deux vignettes fonctionnent, mais l'ajout d'une troisième accentue le temps mis par le personnage à s'effondrer.

À vos plumes !

Me voilà !
Bienvenue. Qu'y a-t-il dans tous ces sacs ?
En fait…
C'est l'anniversaire de mon *sempaï* (aîné) demain.
Je vais lui faire un gâteau et lui dire ce que je ressens !
Allons-y !
OK !

À vos plumes !

Me voilà !

Bienvenue. Qu'y a-t-il dans tous ces sacs ?

En fait...

C'est l'anniversaire de mon *sempaï* (aîné) demain.

Je vais lui faire un gâteau et lui dire ce que je ressens !

Allons-y !

OK !

À vos plumes !

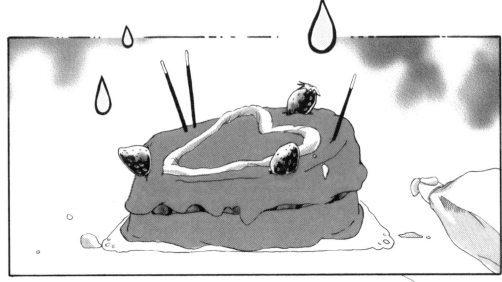

...

Il va me détester si je lui offre ça !!

Bouh...

Tout va bien, Mika, ne t'en fais pas.

Ce ne sont pas les apparences qui comptent.

Ce qui est important, c'est ce qu'on ressent !

À vos plumes !

C'est vrai !

Bien sûr !

AAHHHHHHHHHHHHHHHH !!!!!!!!

Et hop !

brother ken

C'était le cadeau de mon *sempaï* !

Quoi ??!

Désolé, je ne savais pas...

?!

WOW !

SPLASH !

La forme est une chose, mais le goût en est une autre...

137

L'auteur

J'ai commencé à dessiner des mangas à l'école primaire. J'adore le riz au curry. (D'ailleurs, comme il en est question, voici d'autres choses que j'aime.) Écouter Linkin Park et Gorillaz, sans arrêt, et je raffole des peintures de Norman Rockwell. Pour le sport, j'aime le football, le base-ball et… ah oui, les combats de K-1, une sorte d'art martial.

Mes dessinateurs de mangas favoris sont Taiyo Matsumoto, Usamaru Furuya, Yuichi Kumakura, Katsuhiro Otomo et Yoshikazu Yasuhiko. J'adore les matches de football (je me répète), faire du shopping, voyager et me balader. Je suis japonaise, mon groupe sanguin est O, je suis gauchère. Voilà pour ce qui me concerne.

Et voici mon message. Intéressez-vous à tout, pas uniquement aux mangas. La diversité des expériences aide aussi à créer des mangas. Et n'oubliez jamais, les mangas sont un plaisir et vous allez vous éclater en les dessinant !

Akaro

Dans la même collection :

Pour les mordus du dessin de mangas…
Collection Fude Sabaki